BRIGITTE BOHNHORST

Was die Natur mir schenkt

HERDER

FREIBURG · BASEL · WIEN

Was wäre das Leben
ohne die Veränderungen
der Landschaften und Jahreszeiten?

Der Wechsel in der Natur
löst manchmal auch unseren Schritt,
weg vom geplanten Weg, aus.
Neues dringt auf uns ein
und wenn wir uns darauf einlassen,
verändert sich manchmal alles.

Ruhiges Wasser und der zartfarbige Eiswinterhimmel
malen die schönsten Bilder ins Niedrigwasser.
Die Leuchttürme aus der Vergangenheit
sorgen für eine ganz eigene Atmosphäre.

Der Frühling kommt,
die Blumenspitzen
durchbrechen mutig die Krume.

Durch den zartgrünen Park
schlendern verliebte Pärchen
und vergessen die Welt um sich.
Hand in Hand,
mit zärtlichem Blick,
entstehen Pläne für die Zukunft.

Das traurige Piepsen
des noch einsamen Dompfaffs
hat keinen Platz in ihrer Traumwelt.
Emsige Vögel dagegen
tragen Zweiglein und Moos
in ihre neuen Bauten.

Die wellige Borke
lässt unsere Finger
durch die Furchen gleiten.

Wie viele Jahresringe brauchte es,
bis die Eiche ihren Umfang erreichte?

Wie viele Menschengenerationen
sind an ihr vorübergegangen?

Ebbe und Flut,
so unzertrennbar
wie die Gemeinsamkeit
von Vertrauen und Freundschaft.

Die Nebelschwaben wabern über sumpfige Wiesen.
Mücken tanzen unter den Zweigen der Birken,
eine schon entdeckte Beute der lauernden Libellen.
Begleitet vom Froschkonzert
jagen sie blitzschnell durch die Luft.

Lautlos gleiten Schwäne
über die Seeoberfläche.

Die untergehende Sonne
taucht alles in ein weiches Licht.

Die Blumen
sind das Lächeln der Erde.
Rapsfelder und Pusteblumenwiesen
bringen Farben in das Leben,
lösen Glücksgefühle und Übermut aus.
Plötzlich wird alles leicht –
und wenn es nur für einen Moment ist.

Gibt es Schöneres
als einen knorrigen Baum,
der sich, ungezähmt,
die Freiheit für seinen Wuchs
genommen hat?
Unangepasst, keiner Norm entsprechend,
nur dem Licht zustrebend.

Die pralle Reife im Sommer
schenkt uns den Überfluss.

Die Mitte des Lebens
gibt uns Kraft und Neugierde
für Abweichungen und Neubeginn.

Atemlos lausche ich.
Nicht ein Vogelruf,
nur das große Schweigen,
als wäre die Welt gerade entstanden.

Geheimnisse umranken
die Geschichte des Ginkgos.
Sind es seine Jahresringe,
die Faszination ausüben?
Sein Sinnbild von Alter, Kraft und Weisheit,
das Verehrung erzeugt?
Als Symbol der Freundschaft
schmückt so manches Blatt des Baumes
Erinnerungsalben.

Stille hören,
sich von Licht
und Dunkelheit verzaubern lassen.

Nichts tun, nur alle Sinne zulassen ...

Astern und Dahlien
in allen Formen und Farben
recken ihre Blütenköpfe über die Zäune.
Pralle Vielfalt –
wie der Lauf des Lebens.

Wattenebel überdeckt das Tal,
lässt nur die Baumkronen
als Schatten
in den morgendlichen Himmel ragen.

Reif fallen die Früchte von den Bäumen,
grüne und blaue Weintrauben warten auf die Lese.
Spätsommer, Erntezeit.
Wer ist schneller,
der Bauer oder die Vögel?
Noch einmal zeigt die Natur ihre Kraft.

Libellen schwirren
über dem geheimnisvollen,
blau-schwarzen Moorsee.
Die Nebelschleier über der Heide
schaffen eine mystische Stimmung.

Einzelne Strahlen
fallen durch das dichte Blätterdach.
Sie tauchen das Laub
in das goldene Licht
des nahenden Herbstes.

Durch die reifen Felder streifen,
aufplatzende Ähren ertasten,
den Flug der Schwalben beobachten.

Strohballen kugeln über die Stoppelfelder,
die Sonne taucht die Landschaft in goldenes Licht.
Kinder toben vergnügt über die Wiesen,
versuchen Frösche vor dem Storch zu fangen.
Neben den Häusern flattert Wäsche auf den Leinen –
der Herbst liegt in der Luft.

Nieselregen bedeckt das Land.

Wechselt sich ab mit finsteren Wolken,
deren Gewitterstürme
die schönsten Regenbogen hervorrufen.

Die späte Sonne
sendet uns Farben,
deren Schönheit
kaum zu überbieten ist.
Oft nur Augenblicke,
bevor die Wolken das Bild verändern.

Schwere Herbst- und Winterstürme
ziehen über das Land.
Der Wind treibt die Wellen
mit schäumenden Gischtkronen über die Ufer.
Die Urgewalt hat ihre
eigene Schönheit und Atmosphäre.

Im Morgenlicht
in die Ferne streben
ist wie der Blick auf das Leben –
das Ende bleibt noch ein Geheimnis.

Kälte überzieht das Land.
Alles, was noch grünte,
versteckt sich in der Erde.
Die Winterschlafzeit hat begonnen
und wir füllen mit Erwartung
die Häuschen für die Vogelfütterung.

Heimat ist da,
wo sich die Seele
geborgen fühlt.

Wo die Natur lebt
werden wir nie
alleine sein.

Klirrender Frost
legt einen Eismantel
um Zweige und Beeren.
Ein Knistern liegt in der Luft –
fast wie die Spannung der ersten Liebe.

Der Zauber des Augenblicks
lässt uns innehalten
wie der Minutenzeiger der Uhr,
bevor er weiterrückt.

Man sagt:
Die Schönheit liegt allein
im Auge des Betrachters.
Dazu gehört aber,
dass man sich öffnet, sich einlässt
auf die Dinge um sich herum.

Jede Jahreszeit hat ihren Reiz:
ob uns der Regen trifft,
uns Vogelgesang begrüßt,
ein Apfel vor unsere Füße fällt,
der Sturm uns treibt
oder der Schnee
unter den Schuhen knirscht.
Eine Zeit vergeht
und beginnt
doch immer wieder neu.

Bildnachweis:
Titelbild: Givaga/Shutterstock.com, S. 4-5: agneskantaruk/fotolia, S. 7: Michael Shake/fotolia, S. 8-9: ivan kmit/fotolia, S. 10-11: vartzbed/fotolia, S. 12-13: Dariush M/Shutterstock.com, S. 14: PHB.cz (Richard Semik)/Shutterstock.com, S. 16: Leonid Tit/fotolia, S. 18-19: Fotolyse/fotolia, S. 21: JIPEN/Shutterstock.com, S. 22-23: Helen Hotson/Shutterstock.com, S. 24: doris oberfrank-list/fotolia, S. 26-27: SNEHIT/fotolia, S. 28-29: Dailin/Shutterstock.com, S. 30: Yarygin/Shutterstock.com, S. 33: Floydine/fotolia, S. 34-35: rdonar/fotolia, S. 37: Romolo Tavani/fotolia, S. 38-39: Sara Winter/fotolia, S. 40-41: Alexandra Lande/Shutterstock.com, S. 42: Diana Wolfraum/fotolia, S. 44-45: pavel89l/Shutterstock.com, S. 46-47: Vladimir Arndt/Shutterstock.com, S. 49: Zacarias Pereira da Mata/Shutterstock.com, S. 50-51: upyanose/fotolia, S. 52: Gajus/Shutterstock.com, S. 54-55: Anna Grigorjeva/Shutterstock.com, S. 57: elitravo/fotolia, S. 58: Paul Aniszewski/Shutterstock.com, S. 61: sindlera/Shutterstock.com, S. 62-63: swa182/fotolia

www.herder.de

Umschlaggestaltung: © Designbüro Gestaltungssaal
Innengestaltung und Satz: Arnold & Domnick, Leipzig
Herstellung: Graspo CZ a.s., Zlín

Gedruckt auf umweltfreundlichem, chlorfrei gebleichtem Papier

Printed in the Czech Republic

ISBN 978-3-451-34918-8